L'imagier de Fréjus

Les plafonds du cloître
de la c

ISBN 978-2-85822-331-2

L'imagier de Fréjus

Les plafonds du cloître de la cathédrale

Par
Colette Dumas et Georges Puchal

ÉDITIONS DU PATRIMOINE
CENTRE DES MONUMENTS NATIONAUX

L'ensemble canonial : une cité dans la ville médiévale

Le mot « cloître » suggère dans l'imaginaire contemporain un espace de silence et de déambulation au cœur même de l'abbaye médiévale. C'est oublier qu'il existe des cloîtres, contigus à la cathédrale, en plein cœur de la ville, et qui ont souvent servi d'articulation aux bâtiments administratifs de l'évêché. Il est vrai que, soumis aux avatars propres à l'évolution urbaine, il subsiste peu de cloîtres canoniaux ; comme il est vrai aussi que, dans maints évêchés médiévaux, l'aspect du cloître canonial était plus proche d'un quartier de ville que de l'image évocatrice du préau monastique entouré de galeries d'arcades. Est-ce pour ces raisons que le cloître canonial n'est pas aussi clairement perçu que son homologue, le cloître monacal ? Le fait est qu'un mot unique désigne ce dispositif architectural, indépendamment de sa spécialisation. L'antique mot latin *claustrum*, est pris par le Moyen Âge dans le sens de « clôture » et le terme « cloître » définit donc un lieu clos. Il s'est traduit dans l'architecture, au moins depuis l'époque carolingienne, par un espace de liaison entre les différentes parties de la vie de clôture. Les règles cénobitiques en font un lieu fermé à ceux qui n'appartiennent pas à la communauté. Pour le clergé séculier, en contact permanent avec les laïcs, les besoins sont différents. On tend à regrouper demeures canoniales, administration de l'évêché, salle capitulaire, celliers et autres salles synodales autour de la cathédrale ; mais étant donné l'implantation urbaine des évêchés, le quartier canonial (souvent appelé « cloître » indépendamment de son aspect architectural) semble avoir été beaucoup plus ouvert à la vie civile. Besoins religieux et affaires se côtoient. Cependant, le cas de Fréjus, où les fidèles devaient obligatoirement pénétrer dans le cloître pour se rendre à leur église paroissiale, est rare, sinon unique.

Des premiers chrétiens à la Grande Peste : la formation du groupe épiscopal de Fréjus

Grâce aux textes, on connaît l'existence d'un évêché à Fréjus dès la fin du IVe siècle. Les témoignages matériels, transmis par l'architecture, sont plus récents. Le point de départ remonte à l'Antiquité tardive : au IVe siècle, il existe déjà un baptistère et certainement un lieu de culte.

Dès le premier âge roman, comme dans beaucoup d'évêchés du Sud, la cathédrale possède deux nefs : la nef Notre-Dame, à l'est du baptistère et dans son axe, et la nef Saint-Étienne qui la flanque au nord (et sert d'église paroissiale). Toutes deux étaient de moitié moins longues que les églises actuelles. En 1038 un chapitre composé de douze chanoines et d'un prévôt est rattaché au service religieux de la cathédrale. Dès cette époque, les bâtiments canoniaux étaient vraisemblablement situés au nord, vers la nef Saint-Étienne.

À partir de la seconde moitié du XIIe siècle, de grandes campagnes de construction, comme un peu partout en Provence, sont entreprises. Elles témoignent d'une certaine prospérité. L'essor des villes se manifeste par la réfection des bâtiments antérieurs sinon par des constructions nouvelles. Les bâtiments canoniaux, qui désormais tendent à s'articuler autour d'un enclos, gagnent en monumentalité et s'affirment comme des quartiers à part dans la ville.

À Fréjus, la transformation qui s'accomplit dès le début du XIIIe siècle est encore sous nos yeux : la maison dite « du Prévôt », avec ses fenêtres étroites, son entrée fortifiée, témoigne de la solennité que désormais les chanoines entendent donner à leur enclos urbain. La qualité de l'architecture vient affirmer l'importance de leur rôle social.

Les deux nefs Notre-Dame et Saint-Étienne sont allongées. Les travaux sont importants et traduisent une nouvelle façon de concevoir les espaces cultuels : la nef Notre-Dame reçoit un voûtement unique porté par de grandes ogives. Par une volonté toute gothique d'unifier les espaces, on perce le mur mitoyen qui la séparait de la nef Saint-Étienne, réunissant ainsi la nef Notre-Dame et l'église paroissiale par de grandes arcades. Au nord de la cathédrale, un cloître (aux galeries couvertes en voûtes d'ogives vraisemblablement) est construit pour les chanoines. Il permettait sans doute de réguler l'implantation des bâtiments canoniaux, quelque peu hétéroclite (cf. plan sur rabat). Mais la construction de ce cloître condamnait l'entrée (située à l'ouest) de l'église Saint-Étienne. C'est pourquoi à la suite de ces travaux, chanoines et fidèles devaient emprunter les galeries du cloître pour se rendre les uns à l'église paroissiale, les autres aux offices de la cathédrale.

Cette conception du cloître, le faisant apparaître comme une sorte de porche précédant l'entrée de la paroisse, traduit-elle une certaine volonté d'indépendance du chapitre au regard de l'évêque ou s'agit-il tout simplement d'une solution imposée par les contraintes des édifices préexistants ?

Vue du groupe cathédral de Fréjus.

Le monde des chanoines

Le pouvoir juridique de l'Église est mis en parallèle avec les pouvoirs temporels du roi, Toulouse, 1340-1350, Décret de Gratien (Avignon, bibliothèque municipale, ms. 659, fol. 2 en haut (détail), fol. 342 en bas).

L'histoire des relations entre l'évêque et les chanoines est longue et parfois mouvementée. Dès les premiers temps de l'Église catholique, les évêques s'entourèrent de clercs, reproduisant l'image du Christ entouré de disciples, pour se faire seconder dans leurs missions pastorales et matérielles. L'organisation, quelque peu spontanée à l'origine, tenta de se modeler sur la structure monastique. Mais la règle monacale s'avéra sans doute trop contraignante pour permettre aux chanoines d'accomplir les tâches matérielles liées à la vie et à l'administration de l'évêché. Le fait est que dans les années 755-757, l'évêque de Metz, Chrodegang, la fit assouplir. Par la suite, modifiée, adaptée ou réinterprétée, elle sera la base de la vie canoniale pendant de longs siècles. Ainsi le chanoine, à l'instar des moines, doit partager la table commune et le dortoir ; il est astreint également à chanter les sept offices quotidiens, les « heures cano-

niales », et à vivre dans la clôture. Cependant les chanoines pourront être autorisés à résider à l'extérieur, et ne seront plus strictement obligés de pratiquer un travail manuel, ni de manger frugalement. Et, situation particulière, si un chanoine entrant dans la communauté doit lui léguer ses biens personnels, il en garde l'usufruit sa vie durant. Cette dernière mesure aura de grandes conséquences dans le devenir de l'institution canoniale. Déjà avant l'an mille, on constate, dans certains diocèses, l'implantation d'une gestion séparée des biens de l'évêque et de ceux des chanoines. La pratique aboutit à l'existence d'un domaine capitulaire dont les revenus (les prébendes) vont au chapitre, en toute indépendance du domaine épiscopal.

Avec l'indépendance financière, le chemin vers l'indépendance administrative est ouvert. Si, à l'origine, les chanoines étaient les subordonnés de l'évêque, dès le XIIe siècle leur rôle va s'inverser : de collège de conseillers de l'évêque, ils accèdent à la possibilité de désigner l'évêque.

En même temps le système de rémunération par prébendes se généralise. Les chapitres exploitent des terres, des pêcheries, etc. Une partie de ces revenus, stockée dans les celliers du cloître, est consacrée aux aumônes : grande aumône, distribution annuelle de denrées ou, plus régulièrement, la petite aumône, distribution hebdomadaire aux pauvres. On imagine sans peine à quel point les environs des enclos canoniaux grouillaient de vie…

Deux chanoines en tenue d'hiver : capes et aumusses doublées de fourrure.

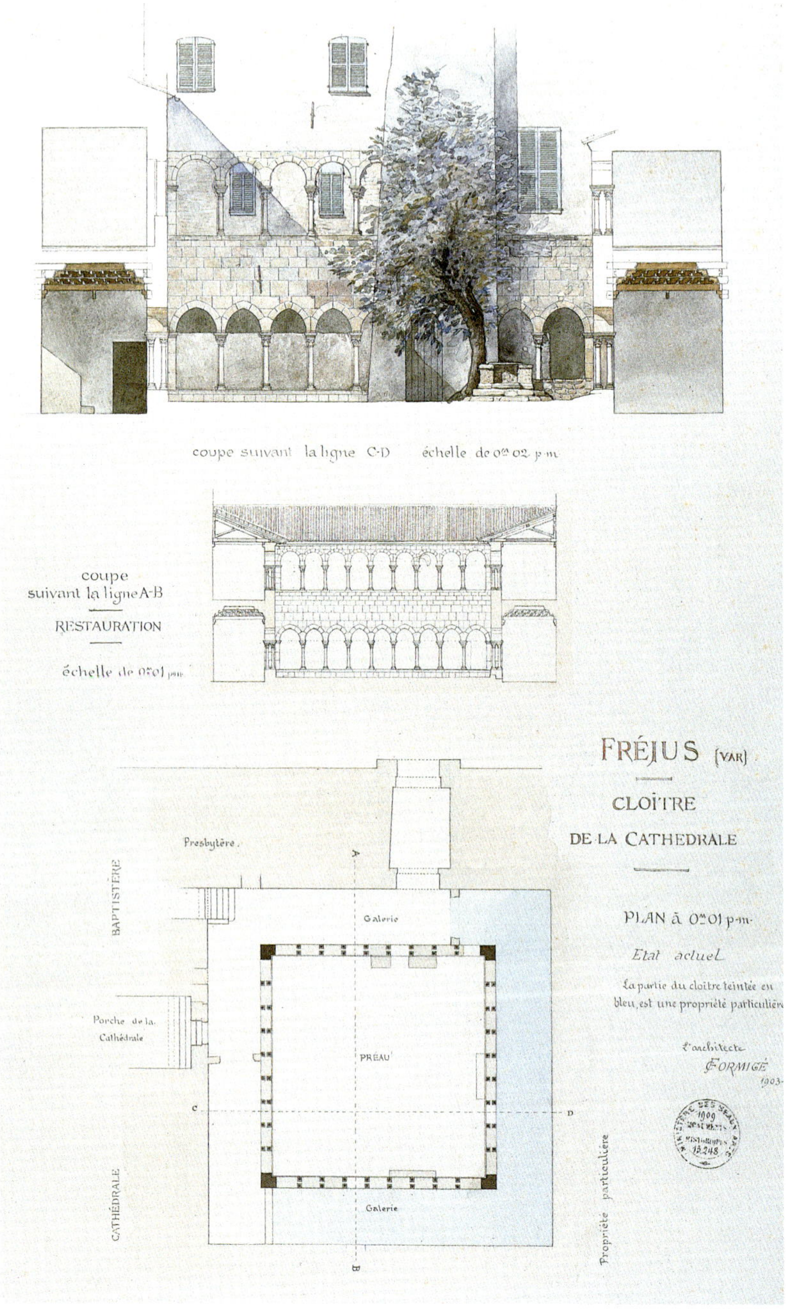

Relevé aquarellé vers 1903-1905 par l'architecte Jean-Claude Formigé (Paris, MAP).

L'état des bâtiments tel qu'il se présente aujourd'hui témoigne d'une importante activité constructrice autour du groupe cathédral au début du XIVe siècle. L'évêque fait envelopper l'ensemble du logis épiscopal par des fortifications richement appareillées à bossages.

Jusqu'à la fin des années 1330, maçons, charpentiers, ferronniers, chaufourniers et peintres sont en activité. Leurs noms indiquent des origines diverses : italiens, catalans, ou encore français. Ils témoignent du cosmopolitisme des équipes d'ouvriers sillonnant la Provence au milieu du XIVe siècle.

Peu après, soit par nécessité, soit par émulation, les chanoines entreprennent la superposition d'une galerie haute à la galerie du cloître du XIIIe siècle. L'ancienne voûte de pierre est remplacée par un plafond en bois. C'est ce plafond qui sera particulièrement soigné dans sa structure et richement peint. Au fil des siècles ce cloître, qui à n'en point douter était la gloire des chanoines par sa magnificence, perd son éclat. L'air marin, le peu d'ensoleillement, même en été, y maintiennent une humidité ambiante fatale aux peintures et au bois.

Propriété cléricale, à la Révolution française, le cloître en subit les effets : il est vendu aux enchères en 1793. Coupé en deux, il est acheté, moitié par des particuliers, moitié par la commune, et sert de presbytère. Les nouveaux propriétaires font murer les galeries afin qu'elles puissent résister à la charge imposée par la construction d'un étage supplémentaire. C'est dans cet état que Jean-Claude Formigé le trouve en 1903 et qu'il le dessine. Pourtant, dès 1854, des voix, dont celle de Prosper Mérimée, s'étaient alarmées et élevées pour en demander le rachat et la restauration. La guerre et les lenteurs administratives ajournent le sauvetage jusqu'en 1920. Architecte en chef des Monuments historiques, Jules Formigé s'attache alors « à dégager les galeries de leur gangue » et à suspendre à un invisible plancher de fer le plafond, pourri par l'absence de circulation de l'air et les mauvais traitements. Au fur et à mesure des campagnes de restauration celui-ci va retrouver son intégrité mais non pas son aspect d'origine car beaucoup de petites plaquettes peintes, abîmées, doivent être remplacées par de simples tablettes de sapin, sans aucun décor. (Une restitution encore plus approximative et surtout partielle s'effectue dans le même temps à la galerie haute.)

Toutefois, l'érosion climatique, les parasites et les moisissures continuent leur travail de sape malgré les nombreux procédés physico-chimiques employés. Ceux-ci s'avéreront le plus souvent fatals à la couche picturale, qui noircit quand elle ne s'efface pas totalement. Plus de la moitié des douze cents plaquettes peintes au XIVe siècle ont irrémédiablement disparu.

Un plafond en bois pour le cloître : un parti pris rare

Le cloître de Fréjus présente deux solutions architecturales peu fréquentes : d'une part il comporte deux étages et, d'autre part, les galeries inférieures sont couvertes par un plafond en bois. Les deux dispositions sont sans doute liées : la construction des galeries hautes venait surcharger les fines colonnettes du cloître du XIIIe siècle ; le remplacement de ses croisées d'ogives par une structure en bois permettait de les alléger de manière conséquente. On aurait pu donner à cette couverture en bois la forme d'une voûte, sans pour autant alourdir outre mesure le poids porté par les colonnettes. Cependant le choix d'une couverture plafonnée, plutôt que d'une charpente cintrée, est judicieux du point de vue fonctionnel : on évitait ainsi de trop surélever le mur bahut. Mais par rapport aux galeries voûtées, les galeries plafonnées peuvent donner l'impression de manquer de volume. Ce sera là tout le travail des charpentiers et des peintres de donner à ces étroites galeries la magnificence nécessaire.

Le rôle porteur de la charpente est assuré par ses solives transversales. Espacées de vingt-cinq centimètres, chacune d'elles prend appui sur deux corbeaux en bois

Articulation de la charpente dans les angles.

contiguës. Elle supporte, comme les poutres de rive, une double rangée de corbeaux superposés, soutenant à leur tour les solives du plafond de la galerie.

Mais ici, chaque rangée de corbeaux est implantée non pas perpendiculairement à l'enrayure, mais, de manière logique, dans l'alignement des solives qu'ils reçoivent. Autrement dit, l'implantation des corbeaux se fait selon un angle d'environ 45° par rapport à l'enrayure.

Il convenait de souligner l'originalité de ce système, apparemment unique dans les cloîtres encore existants. La comparaison avec la charpente navale vient à l'esprit, d'autant que l'enrayure et ses corbeaux font songer à une étrave. Mais rien ne permet d'attribuer ce travail soigné à des charpentiers de marine : au contraire nous nous trouvons là en présence d'une structure qui semble dériver des plafonds des résidences seigneuriales au sud des Pyrénées.

Détail d'une draperie en pointe.

L'analyse iconographique, par comparaison avec les représentations figurées, fait converger la datation vers le deuxième quart du XIVe siècle. L'étude des costumes est significative. On constate d'abord qu'une sorte de draperie en pointe, couvrant les épaules et attachée au cou, revient souvent, aussi bien sur les personnages que sur les figurations monstrueuses. Cet ornement, d'origine italienne (fin du XIIIe siècle), revient fréquemment dans l'iconographie de la première moitié du XIVe siècle : il est déjà à Rouen, au début du siècle ; on le trouvera très souvent dans les enluminures jusqu'au deuxième tiers du siècle ; après il disparaît. La forme des chaussures est tout aussi révélatrice : un certain nombre de personnages sont chaussés de poulaines. Il semble que cette pièce du costume soit aussi d'origine italienne mais, et c'est intéressant dans une

Détail de manches à coudières.

La dendrochronologie

La dendrochronologie est une méthode de datation qui, grâce à l'étude des cernes des arbres, permet de dater un élément de bois. Le principe est fondé sur le fait que les arbres présentent des anneaux de croissance à développement annuel (un cerne est composé d'un anneau clair, qui correspond au début de la croissance annuelle, et d'un anneau sombre, qui correspond à la fin). Or les conditions climatiques dans lesquelles a poussé l'arbre ont une forte influence sur l'aspect de ses cernes. Une année favorable à la croissance de telle espèce se traduit par un cerne large ; dans le cas contraire le cerne sera mince. Par voie de conséquence, pour une même période climatique, dans une région donnée, tous les arbres de la même espèce comportent des séries de cernes présentant la même alternance. La datation du bois par cette méthode consiste à repérer des séquences de cernes identiques entre l'élément de bois à analyser et une série de bois de référence de la même essence ayant une datation connue. C'est donc l'analyse des séries, et non la comparaison cerne par cerne, qui garantit la fiabilité des résultats. Pour cela il faut d'abord avoir établi, de proche en proche, une série de référence. Lorsqu'il s'agit d'analyser un bois de construction, le choix de l'éprouvette revêt une grande importance : seule la présence de l'aubier, couche périphérique, apporte la certitude de l'arrêt de la croissance, donc de l'abattage. Or cette partie est la plus fragile et la moins pratique pour le charpentier : il est rare qu'elle ait été préservée.

démarche chronologique, elles n'apparaissent que vers 1340 (à Milan). De ce fait on peut estimer que le décor peint du cloître est postérieur à cette date. Les autres éléments du costume, que ce soit la forme des manches, la longueur des robes ou encore la coiffure, viennent corroborer une datation tendant à placer la réalisation des peintures vers le milieu du XIVe siècle : tous les détails de la mode sont antérieurs à 1350 et aucun élément postérieur n'est représenté. L'analyse dendrochronologique apporte une certitude étayée quant à la date d'exécution du plafond.

Le laboratoire du CNRS de Besançon, qui l'a réalisée, a estimé que les arbres ayant servi à la confection des corbeaux ont été abattus entre 1348 et 1358. Compte tenu qu'un bois de construction séjournait plusieurs années dans l'eau et qu'il fallait ensuite le laisser sécher pendant une période pratiquement aussi longue, une fourchette de cinq à dix ans doit être ajoutée à la date de coupe. Grâce à la dendrochronologie on peut avancer que le plafond du cloître a dû être construit entre 1353 et 1368. Cette datation fait du cloître de Fréjus un jalon sûr pour l'étude, très peu développée, des plafonds médiévaux en bois peints.

Exemple de chaussures à la poulaine.

Coupe d'une solive provenant du plafond.

La dendrochronologie permet donc de connaître l'année d'abattage de l'arbre. Mais pour obtenir la date de mise en œuvre il faut considérer que le travail traditionnel du bois comprenait un temps d'immersion qui pouvait aller jusqu'à dix ans. Cette pratique permettait de nettoyer le bois des larves et autres parasites, le rendant plus compact et plus sain (lorsque un bois a été suffisamment immergé il résiste des siècles durant à l'attaque d'insectes y compris les araignées : contrairement à une idée reçue ce n'est pas l'apanage du seul bois de châtaignier). Étant donné l'incertitude des paramètres qui font d'un tronc une pièce de construction, la datation est le plus souvent indiquée sous forme de fourchette et rarement d'une manière absolue.

Blason du cardinal Pierre de Cros (vairé d'argent fond de gueules). Il se présente crénelé quand il est inscrit en bas relief sur la pierre.

Qui a commandé le plafond du cloître ?

Les précisions chronologiques fournies par la triple analyse permettent de cerner l'ambiance générale de l'époque de la commande et de l'exécution du plafond et de son décor.

Bien que l'on n'en ait pas la preuve formelle, il semblerait qu'un violent incendie, consécutif au pillage de l'évêché par des bandes armées, ait détruit en 1336 une partie des bâtiments canoniaux (le réfectoire et les salles conservant les archives notamment). Après cela il a bien fallu reconstruire ! C'est sans doute au cours de ces chantiers que le plafond du cloître a été commandé par les chanoines. La décision de couvrir les galeries par un plafond en bois, outre l'aspect fonctionnel déjà évoqué, est proche des choix faits alors dans la construction seigneuriale. Il est intéressant de rappeler qu'au XIVe siècle l'évêché de Fréjus est particulièrement lié à la cour papale d'Avignon.

En 1316 un ancien évêque de Fréjus, Jacques Duèse, devient le deuxième pape avignonnais lors du schisme d'Occident, sous le nom de Jean XXII (1316-1334). L'installation des papes en Avignon, commencée dès 1309 avec Clément V, s'accompagne d'une forte activité constructrice.

Les cardinaux ne sont pas en reste : afin de les loger, eux et leur suite, auprès de la cour pontificale, on leur a « livré » (moyennant paiement) des maisons seigneuriales. Dès les années 1320 Avignon et ses environs

Chanoines en promenade.

accueillent des chantiers remarquables, plus actifs sans doute que dans aucune autre ville européenne alors.

Cette ambiance intellectuelle et économique aurait-elle pu favoriser la commande du plafond du cloître ?

En effet, les papes d'Avignon ont pour habitude de nommer leurs familiers à des postes importants dans les diocèses. Celui de Fréjus semble avoir été proche des préoccupations de la cour d'Avignon. Par deux fois la famille de Via (cousine de celle des Duèse, autrement dit de Jean XXII) apparaît à des fonctions élevées : Jacques de Via est archidiacre sous Jean XXII ; sous Clément VI (1342-1352), Robert de Via est prévôt des chanoines.

Les Via sont de grands bâtisseurs. Originaires de Cahors, tout comme Jacques Duèse, ils possédaient des palais somptueux. Venus en Avignon, ils donneront encore plus d'ampleur à leur goût de construire. Les Via ont élevé en Avignon ou à Villeneuve, sur la rive droite du Rhône, des livrées remarquées.

Pour ces architectures, privées ou pontificales, le plafond en bois décoré de peintures est courant. En témoignent avec force les plafonds encore en place en Avignon et à Villeneuve. La fièvre constructrice de la cour papale culminera avec l'avènement du Limousin Pierre Roger de Beaufort (Clément VI). La construction de son fastueux palais (le palais Neuf) va bon train. Il nous intéresse ici car les plafonds en bois peints deviennent indissociables de l'idée de faste et de confort.

Au tournant des années 1350, à Fréjus, les Quercinois ont cédé la place à des Limousins, proches du nouveau pape Clément VI : Guillaume Amici est nommé évêque (1349-1360) et Rodolphe de Cros assurera la prévôté du chapitre de 1348 à 1350. Nous entrons là dans les années probables de l'exécution du plafond du cloître.

Une donatrice

Faute de preuves, seules des pistes peuvent pour l'heure être lancées. Toutefois un détail tendrait à confirmer que l'exécution s'est faite dans ce contexte. Il est de coutume d'identifier les commanditaires du plafond, ou d'honorer des personnalités dont on cherche à s'attirer l'intérêt, en représentant leur blason. Or le seul blason lisible subsistant dans les ais d'entrevous peut être interprété comme étant celui de Cros. Est-ce parce qu'il en a été l'initiateur ou le commanditaire ? Fut-il continuateur d'une œuvre déjà commencée ? Rien ne peut être conclu avec certitude, d'autant que d'autres blasons ont existé et ont disparu depuis (des traces d'au moins cinq autres sont discernables, mais leur champ est hélas vide, donc impossible à attribuer). Quoi qu'il en soit, et malgré les incertitudes, on peut avancer que le plafond du cloître de Fréjus a été réalisé dans un milieu fortement empreint de culture occitane.

Un important décor peint

Dans une sorte de refus du vide décoratif, plafond et murs des galeries du cloître ont été entièrement peints.

L'architecte Henri Revoil, en 1865, faisait état d'un enduit mural, totalement disparu aujourd'hui, sur lequel était tracé un motif répétitif fait de rinceaux souples encadrés par des traits perpendiculaires imitant un appareillage de pierres régulièrement taillées : sa description est désormais inappréciable pour sentir toute la grandeur de l'ornementation du cloître à la fin du Moyen Âge. Ce décor s'étalait sur les murs pleins, et répondait à la polychromie des baies (marbre blanc des colonnettes, grès rouge du mur bahut). Ainsi, par sa richesse chromatique, le cloître de Fréjus s'inscrivait parfaitement dans le goût du XIVe siècle.

Le décor a ici un rôle emblématique qui cherche à asseoir la position sociale de son commanditaire. Cinq siècles et demi plus tard, il nous est très difficile de trouver la signification première qu'il véhiculait et seule sa mise en perspective, en le confrontant le plus souvent possible de l'univers mental du XIVe siècle, permettra de s'approcher de son sens. À cette époque les récits épiques connaissent une grande diffusion et imprègnent les comportements. Le décor contribuait à donner à la demeure un climat marqué par l'épopée, que l'on retrouve en filigrane dans les décors peints.

Le goût des couleurs

La description des couleurs de la tente du roi Alexandre, dans le *Roman d'Alexandre*, très en vogue au milieu du XIVe siècle est évocatrice :

La [poutre] faîtière est somptueusement décorée d'or, sertie de pierres précieuses. [...]

Les quatre pans sont teints chacun d'une façon différente :

Dessin aquarellé de l'architecte Henri Revoil, 1865 (Paris, BnF, Est.).

L'un est plus blanc que neige et plus clair que glace,

L'autre, placé dans la largeur, est plus noir que charbon,

Le troisième est vermeil, teint avec du sang de dragon,

Et le quatrième est plus vert que feuille sur rameau.

Quantité, intensité et opposition des couleurs sont des critères de richesse. On est loin de la sensibilité moderne : l'abandon des critères esthétiques contemporains est indispensable pour tenter de comprendre le dessein dans lequel a été réalisé le plafond, et ce n'est qu'ainsi que son caractère somptuaire devient perceptible.

Le décor domestique (tout au moins dans les demeures de la noblesse, qui nous sont mieux connues) corrobore cet état d'esprit. La nudité des grandes surfaces monochromes est bannie : le décor des murs est fait de motifs répétés, découpés, et souvent bariolés. Cette expression décorative, qui a fait le cadre de vie pendant plusieurs décennies, a, jusqu'à présent, peu retenu l'attention des historiens des arts ou des sociétés. Mais depuis environ une dizaine d'années, avec une curiosité nouvelle portée à la demeure civile, on découvre, on conserve et on publie de plus en plus de décors remontant au XIVe siècle.

Les traces du cadre de vie du XIVe siècle dont nous disposons sont toujours fragmentaires, mais la prise en compte de ces enduits peints, de ces éléments de charpente décorés permet de crédibiliser les observations du siècle passé concernant le décor disparu sur les murs du cloître de Fréjus. Ses motifs étaient très proches des décors muraux actuellement connus en Languedoc (Maison des chevaliers de Pont-Saint-Esprit, livrée Saint-Ange en Avignon, Maison de la rue du Cheval-Blanc, à Cahors, etc.) – mais aussi en Bourgogne (maisons romanes et gothiques de Cluny). Le constat qui s'impose est que ce type de décor mural répétitif, comportant des motifs végétaux stylisés dans de faux appareils peints, devait être très répandu au XIVe siècle dans les demeures seigneuriales.

La décoration du cloître fut, à coup sûr, somptueuse. La charpente, avec ses couleurs vives où le rouge semble avoir été prépondérant, apportait une noblesse et une préciosité qu'il est difficile aujourd'hui d'imaginer. Par le témoignage de Revoil et par comparaison avec les plafonds du XIVe siècle encore existants, on peut être sûrs que corbeaux, solives et voliges étaient peints (mais très probablement sans motifs figuratifs). En revanche, les transformations qu'ils ont subies font qu'il est devenu extrêmement difficile d'en saisir la coloration originelle. D'une part, les solives et les voliges ont été presque toutes changées lors de la restauration réalisée entre 1921 et 1926 par l'architecte des Monuments historiques Jules Formigé. D'autre part, les couleurs restantes (quasi exclusivement dans les entrevous) ont subi des altérations qui les rendraient, à coup sûr, méconnaissables à leurs auteurs. Ainsi, par exemple, le vert et le jaune ont pratiquement disparu. Ces deux couleurs ont pourtant été employées : une photographie prise par Marc Lacroix, lors d'un démontage au début des années 1970, témoigne de leur persistance sur des baguettes d'amortissement, dans des parties restées occultées à la lumière, donc protégées. Par recoupement et comparaison avec d'autres plafonds (aucune analyse scientifique des pigments n'ayant été encore faite), on peut avancer que les artistes qui ont travaillé à Fréjus utilisaient le blanc, le rouge, le bleu, le noir, le vert, le jaune, et peut-être une courte gamme de terres ocre clair et brun (à moins qu'il ne s'agisse d'altérations du noir et du jaune). Ce choix restreint des couleurs semble relever davantage d'un langage propre à la décoration des plafonds que d'une limitation technique. En effet, les peintres de retables, à la même époque et toutes écoles confondues, ont des palettes beaucoup plus riches et nuancées.

Rares témoignages des couleurs d'origine, lors du démontage en 1970.

Hybride à tête d'oiseau.

La limitation chromatique du décor que l'on peut constater sur la quasi-totalité des plafonds du XIVᵉ siècle encore existants ne peut, non plus, être la conséquence de l'emploi d'artistes de moindre valeur : des artistes de première ligne ont parfois travaillé à leur décoration. Les archives de la couronne d'Aragon ont gardé la commande passée en 1376 à Francesc Serra (un des maîtres de l'école gothique catalane) pour le décor du plafond en bois d'une salle du palais royal de Barcelone. S'agit-il alors d'une question de prix, qui aurait pu être minoré lorsque les couleurs étaient moins élaborées ? C'est possible, mais l'explication n'est pas totalement convaincante : cela n'explique pas pourquoi les couleurs sont à peu près les mêmes sur tous les plafonds du XIVᵉ siècle connus. Dans le nombre restreint de couleurs nous verrions volontiers l'intention de rendre ces images, placées dans des endroits par définition peu éclairés, aussi lisibles que le sont les motifs et les couleurs héraldiques des pavois. Il y a là plus qu'une simple coïncidence. Les couleurs ici employées sont précisément les six couleurs utilisées en héraldique. Et on sait qu'à cette époque, dans les pays du Sud, les peintres adhèrent à la confrérie des palefreniers. Ce sont eux qui se chargent, tout naturellement, de peindre les décors des tournois (selles, brides et pavois compris). Le fait est attesté aussi bien dans le royaume catalano-aragonais qu'à la cour des Médicis, où les peintres sont aussi chargés de peindre bannières et gonfalons.

Cependant cette organisation professionnelle du sud des Pyrénées n'a pas cours en Provence, où il semble qu'il n'y ait pas de regroupement en confréries. On aurait plutôt affaire à des équipes itinérantes se déplaçant au gré des chantiers. Ce sont des peintres italiens qui, en Avignon, capitale artistique du milieu du XIVᵉ siècle, introduisent une palette riche de nuances bleues, roses ou terre pour décorer les murs des palais et principalement du premier d'entre eux, celui du pape. Mais les plafonds qui couvrent les pièces ainsi décorées, à quelques exceptions près, perpétuent l'utilisation des coloris à résonance héraldique. Avignon réaliserait ainsi une parfaite synthèse entre une esthétique transalpine du décor réaliste et nuancé, et une vision plus rude, marquée par six siècles de guerres de *Reconquista*, où les couleurs sont peu nombreuses, franches et tranchées.

Par son coloris, le plafond du cloître de Fréjus serait donc beaucoup plus proche du monde hispano-languedocien que du milieu italien.

À droite
Exemple de polygone étoilé avec palmettes dans les écoinçons.

Hybride dragon

Motifs répétitifs, images variées

Le décor qui habille les pièces de charpente secondaires (baguettes d'amortissement, couvre-joints, etc.) est répétitif : il est composé de festons de dents d'engrenage en noir et blanc, de demi-fleurettes gris-brun (mais ce n'est sûrement pas leur couleur originelle) alternant de part et d'autre d'une ligne ondulée jaune, ou encore de rinceaux végétaux au tracé souple. Un autre élément répétitif tapisse les fonds des ais d'entrevous : il s'agit de dessins très stylisés inspirés du monde végétal, sortes de pousses à trois feuilles. Plus rarement, remplissant les écoinçons, apparaissent des palmettes. Ces motifs se retrouvent sur la plupart des plafonds peints du XIIIe au XVe siècle.

Sur les entrevous, les encadrements des personnages et des scènes présentent aussi une certaine répétitivité. Le peintre a pris soin de sertir par un cadre rectangulaire, rond ou en polygone étoilé chaque personnage ou chaque scène. La disposition fait songer à l'encadrement des vitraux ou encore à l'enluminure, où les scènes s'inscrivent dans des médaillons présentant des dispositifs semblables.

Le cadre rectangulaire est formé par un épais ruban aujourd'hui de couleur brune, mais qui a pu être jaune à l'origine. Cette altération chromatique est parfaitement attestée sur des planchettes dont une partie était occultée à la lumière et qui présentent des traces nettement jaunes. Souvent un filet blanc vient s'inscrire entre le cadre et le motif peint.

Le cadre rond formé par l'entrelacement de deux sortes de rubans est un motif très répandu dans l'art médiéval depuis l'époque carolingienne. Le cadre en polygone étoilé à huit pointes est le plus typé. Sa forme générale est issue de la pénétration de deux carrés tournés de 45° l'un par rapport à l'autre : il est lui aussi composé par entrelacement de deux rubans.

À gauche
Exemple de médaillon rond ; on notera que le motif s'inscrit parfaitement dans le rond, respectant en cela la « loi médiévale du cadre ».
À droite
Éléments de remplissage du fond.

Les éléments figuratifs du décor constituent l'élément le plus spectaculaire et le plus original de la décoration du cloître.

Les plaquettes étaient au nombre de 1235 à l'origine ; la moitié sont totalement effacées, et les autres plus ou moins lisibles. Ces scènes courent sur trois registres tout autour des quatre galeries du cloître ainsi que des enrayures placées aux quatre angles, aux points de rencontre des galeries.

Les fonds sont peints de deux couleurs, en alternance, et pratiquement en nombre égal : un rouge et une autre qui s'est altérée avec le temps et qui était certainement un bleu. Au montage cela forme un damier qui se vérifie sur les quatre galeries. Encore une fois nous sommes en présence d'un dispositif rappelant enluminures et vitraux de la fin du XIIIe siècle et du début du XIVe siècle, où les fonds sont souvent constitués d'un damier aux carreaux rouges et bleus. L'engouement si répandu pour ce dispositif semble corroborer le goût médiéval pour les

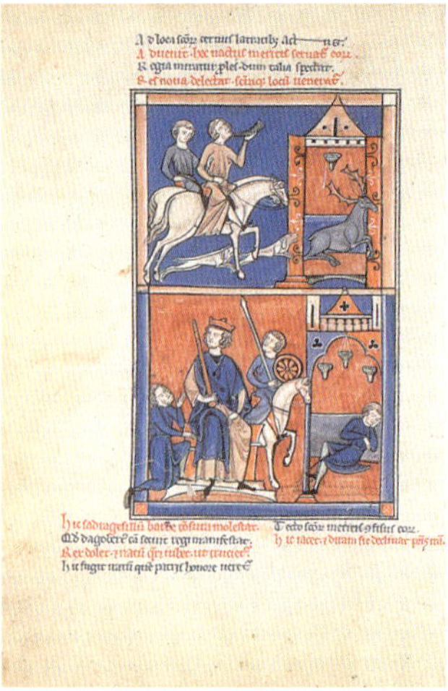

Opposition de fonds bleu et rouge sur un manuscrit. *Vie de saint Denis* (Paris, BnF, ms. fr. 1098, fol. 51 v°).

oppositions de couleurs. Il est intéressant de noter que dans la culture occidentale, jusqu'au XIe siècle les couleurs opposées sont le blanc et le noir ou le blanc et le rouge. En revanche, en Orient c'est le noir qui s'oppose au rouge. Or pour l'œil médiéval, le noir et le bleu sont dans la même « famille » de couleurs. Dès lors, les oppositions rouge et noir ou rouge et bleu ont la même valeur. Il est possible que ce soit par le jeu d'échecs, dont la provenance orientale est certaine, que l'Occident s'est familiarisé, dès le XIe siècle, à l'opposition des deux camps rouge et noir. En effet dans les jeux d'échecs orientaux, les pièces noires s'opposent aux pièces rouges.

Le goût pour les damiers de couleurs opposées est particulièrement prégnant au moment où l'on peint le plafond : non seulement on le trouve couramment en remplissage de fonds décoratifs mais l'échiquier lui-même, composé d'un simple carroyage jusqu'au milieu du XIIIe siècle reçoit alors un fond fait de couleurs opposées.

Matériaux et pigments

Comme les autres charpentes médiévales, celle-ci est peinte à la détrempe. Les couleurs étaient obtenues par broyage de matières minérales (terres par exemple) ou organiques (charbon…). Elles étaient émulsionnées avec de l'eau et un liant stabilisateur (blanc d'œuf, caséine, etc.).

Se procurer les éléments de base était sûrement assez facile : la plupart se rencontrent dans la nature à l'état de minéraux et un traitement relativement simple (cuisson) permet de les rendre utilisables. Tel, par exemple, le cinabre, ou sulfure de mercure, qui donne du rouge, ou encore le sulfate et le carbonate de calcium, qui donnent des blancs, tout comme le carbonate de plomb (sans doute utilisé ici,

Rare exemple de couleur jaune conservée sur les bandes.

Grande souplesse de l'exécution avec des cernes rouges ou noirs, et aplats de couleur.

car il altère le vert de cuivre en le noircissant, et on a vu que tous les verts avaient viré au gris). Les potiers à la même époque utilisent régulièrement de telles matières.

L'exécution

Le support de bois a été d'abord poncé légè rement, avant de recevoir une couche de préparation blanchâtre, qui pourrait être un mélange de chaux grasse et de caséine.

Le peintre a posé ensuite la couche de fond, rouge ou bleue. Le dessin du motif a dû être exécuté au charbon. Puis sont apposées les couleurs, en aplats.

Chaque plage de couleur est séparée de la plage contiguë par un cerne, fait au pinceau, souvent noir, quelque fois rouge. Les contours sont également soulignés par un trait, noir ou rouge, d'une très grande sûreté : les repentirs sont rares, ainsi que les reprises. C'est dire que les peintres possédaient une maîtrise qui leur permettait de charger leur pinceau de la quantité de peinture nécessaire pour effectuer la totalité du tracé prévu. Dans de nombreuses figures on voit très distinctement que le peintre a modulé l'épaisseur des lignes par une charge plus ou moins forte de peinture obtenue par pression sur le pinceau.

Les détails caractéristiques (l'œil, des nervures, des écailles) sont dessinés en noir, à l'occasion en rouge. Un trait blanc, un peu plus épais, accentue le modelé d'un ventre, d'une croupe ou les plis d'une draperie.

Il y a très peu de mélanges de couleurs. Il arrive qu'on décèle des traces de ce qui aurait pu être une tentative de mélange de pigments directement sur le support. À moins qu'il ne s'agisse d'un repentir. Sur l'arrière-train d'un hybride à buste féminin, on distingue, sous une couche de peinture verte, le dessin d'écailles. Mais l'altération de la couche picturale oblitère l'intention du peintre : s'agit-

Dessin d'écailles sous la peinture verte.

il d'une tentative de superposition de deux couleurs (le vert sur du jaune) pour en donner un ton cassé ? Ou d'un repeint en vert afin de changer ou d'accentuer le sens symbolique de la figuration (le jaune-vert ou vert citron étant souvent assimilé à la traîtrise, au mensonge, à la méchanceté) ?

Tout ce décor a été réalisé en continu sur de longues planches, les panneaux étant peints à la suite les uns des autres. Parfois, peintre et charpentier se sont mal accordés et une planchette a dû être sciée plus longue pour pouvoir s'adapter à l'espace qui lui est dévolu. Peu importe si la coupe tombe au beau milieu d'un personnage : on voit ainsi plusieurs planchettes comportant une scène dans son cadre plus la moitié d'une scène contiguë.

Couleurs, vie et faste

Si l'analyse des éléments du costume, des armes et des objets présents dans les peintures apporte des confirmations quant à la datation de l'exécution du plafond, ce serait se fourvoyer de faire le chemin inverse pour chercher à voir, dans les figurations humaines, pourtant habillées à la mode, une photographie des habitudes au milieu du XIVe siècle. Il y a fort à penser que les cou-

Preuve d'un découpage en fonction de la dimension nécessaire de la plaquette et non du motif peint.

leurs des peintures du cloître ne traduisent pas avec exactitude, pas plus que celles des enluminures, les vraies couleurs de la vie à cette époque. L'usage de la couleur a toujours un caractère signifiant sinon symbolique. Et l'altération des couleurs, outre la distorsion esthétique qu'elle introduit, nous prive d'un certain nombre de pistes qui pourraient nous aider à la compréhension du sens des scènes peintes.

Retenons que la société médiévale a aimé les couleurs. Au-delà du plaisir esthétique, elle y voit une émanation de la divinité. Le XIVᵉ siècle est un moment particulièrement riche quant au goût pour la couleur : les tissus sont certes colorés, mais aussi « tous les cuirs, les fourrures, la cire, l'os, la pierre, les métaux. Les pelages des animaux, les cheveux et les barbes parfois présentent des couleurs les plus inattendues. On y verra des aliments teints en bleu ! » Dans une vision moderniste un peu rapide, on pourrait être surpris de trouver une telle abondance décorative dans un cloître. Ce serait oublier, comme l'a dit si bien Michel Pastoureau, qu'au « Moyen Âge l'église est par excellence le lieu de la couleur. Presque tout y est coloré : murs, sols, fenêtres, décor sculpté. À ces couleurs fixes s'associent et font écho les couleurs des décors éphémères, des vêtements liturgiques, des objets du culte. Dans une civilisation qui vénère la couleur, qui s'y réchauffe et qui s'y rassure, l'église est le véritable temple de cette couleur ».

À Fréjus, le cloître est au cœur même de la ville médiévale, et qui plus est, il était le passage obligé des fidèles : un certain luxe devait exprimer l'importance sociale du collège des chanoines.

Le monde merveilleux des entrevous

En parcourant les galeries du cloître, la succession des entrevous donne l'impression d'une curieuse suite de figures où religieux, profane et imaginaire sont imbriqués sans lien apparent.

La disparité des thèmes

Bien qu'une majorité de panneaux soit désormais effacée, ce que l'on a encore sous les yeux semble être statistiquement représentatif de la répartition originelle : un mélange (hétéroclite à première vue) où les figures monstrueuses sont majoritaires. Les figures profanes sont déjà plus rares et, en dernier lieu, viennent les religieuses (quatre fois moins nombreuses que les représentations laïques et six fois moins que les monstres). Une telle répartition de thèmes peut paraître bien étrange dans un cloître ! Est-ce parce que, comme on l'a déjà vu, le cloître de Fréjus était ouvert au passage des fidèles et donc à la vie laïque ? Sans préjuger du sens symbolique, ni même de la possibilité que chaque image illustre le passage d'un récit, elles peuvent être regardées individuellement, et nous parlent ainsi d'une certaine proximité avec la vie de tous les jours, et de l'observation, souvent amusée, de toutes les classes sociales.

À gauche
Deux moines tonsurés en gonne brune.
À droite
Saint Paul et son épée.

Pour parvenir à décrire les peintures des entrevous nous avons procédé à leur groupement en thèmes compréhensibles au moyen de nos références contemporaines. Mais il ne faudra pas perdre de vue que la méthode a quelque chose d'artificiel : il est à peu près impensable que les peintres de Fréjus aient réalisé une « collection » de figures ayant un sens individuel, sans lien entre elles. Au contraire, dans la mentalité du XIVe siècle, une œuvre décorative figurée illustre et éclaire un récit. Dans le cloître du monastère espagnol de Santo Domingo de Silos (milieu XIVe siècle) qui a gardé presque intégralement le décor peint de son plafond en bois, on constate que les personnages et animaux se répondent et se complètent pour illustrer de courts récits. On peut être certain que les différents panneaux des entrevous devaient mettre en images soit un thème

Trois clercs tonsurés.

général, soit un groupe de thèmes. En l'absence, répétons-le, de toute trace connue de la commande, il est difficile de reconnaître les thèmes qui, telle une longue bande dessinée, étaient certainement identifiables par les chanoines, sinon par les fidèles. Le manque de plus de la moitié des images, les déplacements constatés d'un nombre très important d'entre elles rendent encore plus difficile l'interprétation originelle. Rien ne saurait être déduit de l'emplacement actuel de telle ou telle figure, alors qu'à l'origine l'emplacement pouvait avoir un sens soit par la relation de la figure avec la partie du cloître, soit par les relations que les figures pouvaient avoir entre elles. On se contentera de donner des pistes dans le dernier chapitre.

Pour l'heure, procédons à l'analyse séparée des sujets qui peuvent être isolés, tout en sachant que cette méthode était totalement étrangère à l'homme médiéval. Indépendamment donc du récit voulu par les commanditaires et les exécutants des peintures, on peut regrouper les représentations des quelque trois cents panneaux encore lisibles en trois principales classes d'ordre général : sujets religieux, sujets de la vie quotidienne, monstres.

Les sujets religieux

La fonction religieuse de l'édifice appelle, à première vue, une abondante iconographie essentiellement chrétienne. Les panneaux se rapportant à des sujets religieux sont actuellement répartis en plus ou moins grand nombre dans l'ensemble des galeries. Trois thèmes peuvent être isolés : les figures hagiographiques, les figures représentant le clergé et les figures des cohortes célestes et infernales.

Saint Étienne portant la pierre de sa lapidation ?

La première constatation qui s'impose est la difficulté à identifier les illustrations hagiographiques parmi l'ensemble de personnages et de monstres. Une seule des figures aujourd'hui conservées porte une auréole : il s'agit de l'Agneau mystique. En revanche, des attributs de l'iconographie chrétienne bien établis permettent d'identifier quelques figures comme étant des représentations de saints : le personnage portant un couteau (en souvenir de son supplice) est, à coup sûr, saint Barthélemy, et le porteur d'épée saint Paul ; celui qui tient un livre semble être saint Jean et saint Pierre a, selon l'habitude, ses clés. L'interprétation d'autres figures est moins évidente. Ainsi l'un des personnages placés au-dessus de l'entrée

Saint Barthélemy et son attribut, le couteau de son martyre.

Saint Jean et son livre.

de l'église paroissiale pourrait être saint Étienne à qui elle est dédiée, mais le temps a effacé partiellement l'objet qu'il porte dans ses mains : on peut y voir une pierre, en souvenir de son martyre par lapidation. Mais peut-on être sûr qu'il s'agit d'une pierre ?

Cet exemple, par le champ qu'il laisse à l'incertitude, fait toucher du doigt les difficultés et les limites de l'interprétation. Un détail pourtant permet d'identifier les figurations de saints : ils sont vêtus d'une tunique intemporelle, alors que les autres personnages représentés dans les panneaux sont habillés selon la mode en cours au milieu du XIVe siècle.

Les cérémonies religieuses étaient l'un des temps forts de la vie urbaine médiévale. Des processions marquaient les événements exceptionnels (actions de grâces, par exemple) ou scandaient l'année (procession des Rameaux, etc.). Pour le clergé, c'était l'occasion d'afficher un grand apparat : la solennité de tels moments s'appuyait sur l'ostentation des riches habits liturgiques brillamment colorés. Le clergé commanditaire du décor du cloître semble avoir voulu fixer le souvenir de ces heures où il se montrait dans tout son éclat : ce sont des clercs en chasuble qui lisent des textes sacrés à la lueur d'un cierge tenu par un assistant ;

Ange agenouillé portant un phylactère.

Portraits en médaillon.

Figure d'ange.

Célébration d'un office dans la cathédrale.

Est-ce un diable à queue de serpent armé d'une lance ?

ailleurs ils sont en train d'officier, accompagnés d'un sous-diacre qui porte un encensoir ; d'autres encore semblent bavarder.

Des panneaux ont un caractère plus quotidien : ce sont des moines en gonne brune ou des chanoines qui se promènent deux par deux. L'accent est mis sur la variété et le raffinement de leurs tenues : ils sont coiffés d'une aumusse rouge-brun doublée de fourrure selon la saison. Une série de portraits en médaillon pourrait être un pas de plus vers l'individualisation : leur traitement en plan moyen semble traduire une certaine volonté d'identification qui n'est pas sans évoquer les portraits de donateurs présents sur les vitraux et autres enluminures contemporaines. Pourrait-il s'agir ici de figurations (plus proches de la caricature que du portrait) des membres du chapitre ?

Christianisation du merveilleux, anges et démons ponctuent dans l'état actuel les registres d'entrevous. Là, un ange musicien ailé et tonsuré joue de la guiterne ; d'autres anges déploient de longs phylactères face aux anges déchus reconnaissables par leurs ailes brunes et membraneuses. Plus loin, serait-ce une représentation d'un être maléfique ?

Un groupe à part, à l'identification moins certaine, pourrait être constitué par des animaux dont la religion chrétienne a fait des symboles : le lion, l'aigle, le taureau pour représenter les évangélistes ; l'agneau nimbé portant la croix et qui figure le Christ. À ces symboles déjà anciens viennent s'en ajouter d'autres, dont le sens est donné par les

Les occupations quotidiennes sont traitées avec le verbe et la minutie de celui qui les pratique et qui sait que leur représentation détaillée permettra à chacun de s'y reconnaître : la chasse (à l'arbalète ou au faucon **[a, c]**), la pêche (à la canne ou au filet), les semailles **[b]**, la foire aux bestiaux, la cuisine et ses accessoires (**[d, f]**, pichets, coupes, carafes, etc.), le mobilier, la toilette, les vêtements à la pointe de la mode, les coiffures, la façon de filer la laine, les soins médicaux…

Curieusement il y a très peu de représentations de l'homme au travail : seuls subsistent, clairement identifiables, un bûcheron et les pêcheurs au filet. À moins qu'il ne faille regarder comme un travail l'occupation de cette femme assise sur une cathèdre pour regarder, par transparence, la couleur d'un liquide contenu dans une fiole : sans doute des urines **[e]**. (L'examen de la couleur, de l'odeur et de la consistance des urines était la base du diagnostic médical.)

En revanche, les attitudes de la vie de tous les jours sont observées avec conviction. Une jeune femme étale ses cheveux : le mou-

a / b

c | d
e | f

Image de calvitie.

vement est saisi de manière vivante, comme une sorte d'instantané photographique **[c]** ; ici l'observation vient se substituer aux représentations conventionnelles, le goût pour la vie transparaît. Celle-ci est représentée dans tous ses états : cette femme accroupie, qui retrousse le bas de sa robe, n'est-elle pas en train de satisfaire tout bonnement un besoin naturel **[b]** ?

La personnalisation et le réalisme sont aussi patents dans le traitement des costumes. On a vu que seuls les saints portaient des vêtements conventionnels et intemporels. Sinon, les habits sont bien ceux à la mode au milieu du XIV[e] siècle, avec les manches à coudières ou les poulaines. On verra même une des représentations les plus anciennes des poches ouvertes dans le vêtement.

Quant aux coiffes et coiffures, on a nettement l'impression que le ou les artistes ont pris un plaisir visible à en varier la forme. Les femmes jeunes portent les cheveux longs, lâchés dans le dos, partagés par une raie médiane ; celles d'âge mûr posent sur les leurs de petites coiffes bordées d'un galon à cabochons, des bandeaux, ou encore des guimpes à mentonnière. Les hommes portent les cheveux mi-longs, formant un petit rouleau sur la nuque ; il arrive même que la calvitie soit représentée. Les coiffes masculines sont aussi variées : souvent la tête est couverte par une cale, qui sera gardée sous le chaperon. La « cornette », ou capuchon terminé en pointe, est assez courante **[a]**. En revanche, plus moderne, le chapeau à bec n'apparaît qu'une fois.

a
b | c

Par contre le paysage est absent. Tout au plus il est signalé, de manière parfaitement conventionnelle, par des arbres stylisés lorsque la scène est censée se dérouler dans une forêt. Des arbres au tronc sinueux servent ici à placer une scène de chasse ou à encadrer une sorte de fête champêtre.

La guerre

Les images mettant en scène des soldats, principalement regroupées dans la galerie sud du cloître, sont fort précises. Signe d'un temps où la guerre, à différents degrés, est souvent présente ; mais aussi écho des fantasmes de l'Église : tout au long de leur séjour avignonnais, les papes examinent, l'un après l'autre, les possibilités et les conditions pour lancer une nouvelle croisade.

Le plafond du cloître fournit des renseignements précieux sur l'équipement des soldats : les lourdes épées à pommeau rond, les lances, les haches, trois sortes de boucliers – un long et rectangulaire (le pavois), un circulaire (la rondache), un triangulaire. Certains sont revêtus d'une armure « à plates », ou des plaques de fer sont fixées sur du cuir, composé de deux parties : l'une protégeant le thorax, (la brigandine), l'autre (les « fauldes ») protégeant le bas du corps, également à plates, sans pour autant l'empêcher de se mouvoir. Un seul des guerriers est en braies sombres et porte un bouclier rond. C'est une représentation convenue pour évoquer un guerrier « infidèle ».

La parade des animaux

Omniprésents dans la vie médiévale, les animaux remplissent aussi les pages de la littérature à succès : dès le XIIIe siècle le *Roman de Renart* s'est répandu partout. La transposition d'histoires sociales en contes où les protagonistes sont des animaux est à la

mode : dans les pays de langue d'oc circule, depuis le début du XIVe siècle, le *Livre des bêtes* de Raymond Lulle, auteur majorquin écrivant en catalan. Ce texte est compris (lu ou récité) sans difficulté par les Provençaux, contrairement aux textes français qui devaient ici être traduits.

Dans les images des entrevous, les animaux domestiques sont ceux qui peuplent les rues de Fréjus, et parfois doivent s'introduire dans le cloître : chien, porc, poule, pigeon, mouton, bélier, cheval, bœuf, etc. Ils voisinent avec les espèces sauvages : renard, loup, lièvre, sanglier, cerf, faon, échassier, dauphin… et même crustacés !

Scènes de chasse et animaux domestiques voisinent avec les lions et les éléphants.

Les animaux exotiques d'Orient et d'Afrique commençaient à être connus et exerçaient une réelle fascination, par l'intermédiaire des bestiaires, livres des merveilles et autres textes, mais aussi grâce aux ménageries princières et papales (tigre, lion, éléphant, lynx, guépard, dromadaire et autruche).

Dans tous les cas les peintres traduisent la recherche d'une véracité et d'une justesse des attitudes proche du réalisme (par exemple la grue picorant l'arrière-train d'un renard, ou encore la représentation hypertrophiée du sexe d'un cheval). En cela les illustrations animalières du cloître témoignent de l'attitude novatrice, déjà notée, du goût pour l'observation directe.

Double page suivante
Hybride à tête de carafon.

Réalisme, fantaisie et jubilation

L'imaginaire des artistes décorateurs du XIVe siècle s'est nourri de récits épiques circulant par écrit ou, plus fréquemment, colportés par les ménestrels, les trouvères et les troubadours. Si leur expérience plastique s'est formée au sein des ateliers d'apprentissage, leurs connaissances esthétiques sont aussi le fruit des contacts avec l'imagerie religieuse (retables, vitraux, enluminures, etc.).

En parcourant les entrevous du cloître il devient manifeste que les peintres ont représenté des saynètes et des animaux dont la figuration traduit un goût évident pour l'observation directe, mais aussi un degré certain de connaissances. Cependant, lorsque le chapitre de chanoines de Fréjus a pris la décision de faire réaliser le plafond, il est probable que la commande fut assortie d'une liste de sujets à illustrer.

En effet, avant l'époque moderne, les commandes passées aux artistes prenaient souvent la forme de véritables contrats définissant le sujet, le nombre de personnages, donnant même des indications précises sur les couleurs à employer. En fait le commanditaire attendait de l'œuvre finie qu'elle tra-

Voyages en Orient

Guerrier oriental coiffé d'un turban.

Les représentations des ais d'entrevous de Fréjus nous permettent d'entrer dans une tranche de vie du XIVe siècle. Elles semblent illustrer les échanges entre les courants de pensée du gothique international et un goût marqué par une perception mythique de l'Orient.

En cela les peintres de Fréjus ont fait œuvre d'actualité. Car au début du XIVe siècle l'Occident se passionne pour l'Asie. Elle est d'autant plus envoûtante que les récits de voyages se multiplient dès le milieu du XIIIe siècle et décrivent tout le faste des cours orientales, les mythiques exploits d'un Gengis Khân, ou l'existence de races extraordinaires. Entre description et transposition, il y a toujours une place pour le merveilleux.

Parallèlement, une grande activité diplomatique et missionnaire entre l'Occident et l'Orient se développe à partir du milieu du XIIIe siècle : les ordres mendiants, franciscains en tête, se font un devoir d'aller christianiser les lointaines contrées tartares (Chine). Entre-temps les Moghols envoient des ambassades dans les royaumes chrétiens. Les contacts avec la papauté deviennent aussi fréquents (1288, 1303, 1305, etc.).

La curiosité suscitée par les récits de ces voyages éveille le goût pour l'Orient tant dans la tradition écrite qu'orale. Ce qui permettra à tous d'entendre, de château en marché, des bribes de ces histoires remplies de merveilles. Et lorsque les temps sont durs, n'y a-t-il pas là un beau moyen d'évasion ?

Ce n'est que tout à la fin du XIIIe siècle que les observations des voyageurs deviendront de plus en plus réalistes. *Le Devisement du monde,* récit de voyage de Marco Polo (dont la diffusion commence dès 1298) a un très grand retentissement, presque immédiat. Les chroniques, telle celle de Guillaume de Tyr, les chansons de geste, (la *Chanson d'Antioche* ou les épopées comme le *Roman d'Alexandre*) croisent ces récits de voyage.

Et, en toile de fond, une obsession : reconquérir l'Orient. Au cours du XIVe siècle on préparera pas moins de trente projets de croisade !

Un souffle identique anime les images des entrevous. Les différents ateliers ont su distiller le même goût pétulant dans ces petits panneaux destinés pourtant à être peu visibles individuellement puisque placés haut dans des galeries mal éclairées.

Les peintres du cloître ont apporté à la fois les réminiscences de leur culture et leur don d'observation du quotidien. Ils ont fixé leurs contemporains avec humour et avec une forte personnalité. Peut-être que l'un d'eux nous a laissé son portrait (est-ce un autoportrait ou a-t-il servi de modèle ?). Mais le goût du concret n'empêche pas la fantaisie. Elle n'est jamais loin, car la figuration bascule facilement vers la représentation imaginaire. On a déjà rencontré

Un clerc à tête de veau.

un chanoine à tête d'aigle, mais on pourrait citer également un clerc à tête de veau ou encore ces fileuses à arrière-train animal.

Cependant il y a à Fréjus des sujets qui, jusqu'à preuve du contraire, sont les plus

Est-ce le portrait de l'« Imagier » de Fréjus ?

Hybrides aux associations les plus curieuses et novatrices.

anciennes représentations du genre connues – nous voulons ici parler de figures hybrides animal-objet : ce n'est que cent cinquante ans plus tard que Jérôme Bosch en fera un emploi abondant dans ses œuvres, mais ici, au cœur du XIVe siècle, peut-être s'agit-il d'une création nouvelle ?

Scènes réalistes ou peintures fantastiques, le sentiment de jubilation est souvent présent. C'est non seulement le goût marqué pour les motifs festifs où le corps est à l'honneur (bal, jongleurs, etc.). C'est aussi la liberté de représentation de ce jeune couple enlacé. Il en est de même pour le traitement

Incroyable représentation au sein d'un cloître d'une centauresse au sexe exhibé.

des images : la ligne des peintures, par sa souplesse, laisse transparaître le plaisir de l'exécution. Sans parler des motifs qui semblent parfois sortis d'un esprit provocateur : comme cette centauresse affublée d'un sexe féminin schématique.

Aux marges de l'art, l'art des marges

La Grande Peste s'est abattue sur l'Occident. En 1348, les repères sociaux et politiques ne sont guère stables : la papauté a quitté Rome pour Avignon, le roi d'Angleterre revendique sa suzeraineté sur la France… La croisade, vieux mythe unificateur des royaumes occidentaux, s'étiole. Malgré les efforts des papes pour la relancer, elle se dilue en opérations de police contre les pirates turcs. Dans ce contexte le christianisme accepte, pour le décor de ses espaces marginaux (marges des enluminures, extérieurs des églises, etc.), une certaine liberté des sens. Est-ce parce que, dans une civilisation volontiers manichéenne le bien et le mal s'épaulent mutuellement en repoussoir ? Le fait est que les images en arrivent à changer le sens de leur signification : les figures du mal absolu, les démons, qui continuent à être pour les croyants une source profonde d'angoisse, « l'imagination les colorait si puérilement et les rendait si familiers qu'ils perdaient leur force d'horreur » note pertinemment l'historien Johan Huizinga. C'est que les hommes du XIVe siècle ont deux natures : le sérieux peut

Évêque affublé d'un corps de cheval.

basculer dans la dérision sans transition, sans commune mesure avec ce que la bienséance moderne tolérerait. C'est parfois tendre, c'est souvent féroce. Carnavals et fêtes de fous sont significatifs de cette mentalité : dans les « messes à l'envers » l'évêque souffre d'être traité d'une façon qui flirte avec le ridicule…

Il faut croire que le besoin social de « détente » est grand car on voit, dès le début du siècle, peut-être un peu avant, une sorte de folie envahir les livres les plus sérieux. Monstres, attitudes ridicules, érotiques et scatologiques se promènent en marge des livres enluminés et sont comme des pieds de nez, ou des contrepoints du texte. Là encore, pour en saisir le sens on doit se libérer des formes de la pensée moderne où gravité et dérision sont rangées dans des registres différents.

Le goût pour l'illustration des marges se retrouve dans tout l'Occident, au XIVe siècle : du Livre d'heures de Marguerite (réalisé dans le milieu flamand de la France du Nord), à tel *Traité des vices* (peint pour une famille génoise) en passant par le pontifical de Pierre de La Jugie (enluminé en Languedoc), ou encore le bréviaire de Vidal de Blanes (enluminé en Catalogne). On pourrait continuer à citer des exemples, tellement la diffusion de cette formule décorative fut grande.

Le goût pour l'image marginale se répand dans les églises. À moins que ce ne soit le contraire, car depuis l'époque romane les extérieurs des édifices religieux, et particulièrement les espaces « résiduels » tels les abouts des modillons, ont accueilli une foule de personnages plus ou moins fantaisistes sinon fantastiques. L'architecture gothique popularisera gargouilles et autres chimères, accompagnement obligé de toute cathédrale, voire de tout édifice religieux. Or, l'espace « résiduel » entre deux solives a, de longue date, été utilisé par les décorateurs de la péninsule Ibérique. L'appartenance d'une partie du bas Languedoc au royaume de Majorque au XIVe siècle semble coïncider avec la période où la mode de décorer les entrevous se répand dans les demeures de la noblesse et du clergé languedociens.

Ce phénomène extensif fait que l'art qui se développe dans les marges… n'a rien de marginal.

Pontifical de Pierre de La Jugie (1350), trésor de la cathédrale Saint-Just de Narbonne, fol. 13 v.

Page de droite
Usages de Barcelone (Paris, BnF, ms. latin 4670 A. fol. 67).

Vsatici quod emendata · si quis requisierit seniorem suum uel encalsauit · uel encalsauit · uel ce
penit emendam pot · ut · j · q nullus requi
rat seniorem suum · 7 · l · in illo usatico
iaguart e encals de caualiario · set si quis occiderit se

Iste berengarius comes qui fecit usaticos vixit · xlj · anno · 7 decessit anno domini · m · lxxviij

bona homicide habeat in sponsalicium ·
Neglectam · quedam sunt que non possunt neglectam siue restaurari · de quibus hic in illo usatico · qui se sciente manu uel lingua ·
Leges · goticas · placuit in primo usatico circa prin·
que leges homicidam
puniunt sine accusa
tore · dum tamen constet
de crimine iudici · ut

Incipiunt usatici barchinone patrie. Rubrica :·

USATICI barchinone
Patrie

Cum ... usatici barch. fuissent missi · solebant iudices iudicare ut essent ta malefacta fuissent omni tempore emendata si non potuerint esse neglectata per sacramentum uel per bataliam uel per aquam frigidam siue calidam · ita dicendo · iuro ego ille tibi illi quod hec malefacta que tibi feci sic ea tibi feci ad meum directum et in tuo neglecto quod ego tibi illa emendare non debeo per deum et per hec sancta · et inde stet ad bellum uel ad unum ex supra

dictis iudiciis scilicet aqua frigida uel calida · Homicidium et cucuita que non possunt neglectari · sit secundum leges 7 more iudicata atque emendata siue uindicata · Hic incipit prologus de usaticis R.

Cum dominus Raimundus berenga
rii uetus comes et mar
chio barchinone et yspa
nie subiugator habuit
honorem et uidit et cogno
uit quod in omnibus causis
et negociis ipsius patrie
leges gotice non possent
obseruari et uidit multas
querimonias et placita
que ipse leges specialiter non
iudicabant laude et consilio
suorum proborum hominum · u
na cum prudentissima et
sapientissima coniuge
sua adalmode constituit
et misit usaticos cum qui
bus fuissent omnes querimo
nie et malefacta in eis inserta
distringere et placitare ·
et iudicare atque ordinare
seu emendare uel uindica
re. Hoc enim fecit co
mes auctore libri iudicis

moré suum manu uel lingua uel adulterant

Got · l · vi · t · r · si ho micidam · leges non gotice puniunt ho micidam ultimo

uxorem eius quia non potest eam redigere.

supplicio · ut · Got · l · vi · t · r · l · si crimi ·
· ff · domini uo · et
· ff · nam si ingenui · 7 · l · cum nullum · circa prin.

uenari ipsius domini sui cum omnibus que per ipsum habuit ad faciendam uoluntatem suam · ut · j · de occisione domini · et · j · de bausia que potest redirigi · item sunt alia quedam que non possunt re dirigi · j · de falsancia moneta ·

Homicidium · homicida debet uenire in manu in curiam domini regis et fieri de ipso iusticia · 7 debet rex habere duas partes omnium mobilium · et terciam dominus homicide et posse eo quod per eo tenet · quod uerum est nisi homicida habeat filios · in quo casu rex uel dominus homicide nichil debent habere · idem est si homicida habet uxorem quia uxor habebit suum sponsalicium · et si omnia

Cum dominus · libera · hoc est uerum si non est a lege in eo casu diffinitum · s · pena · ut · ff · ad turpill · se · d · l · i · et · ff · ad municipal · l · ordinem · et

et in dubiis ei soli licitum est interpretari · C · de leg · et · c · l · i · et merito quia ei soli concessum est usaticos constituere · et ei soli in dubiis interpretari · ut · C · de leg · et · c · l · ult · potest enim in totum remittere penam et pronunciare · ut · j · q magnatibus · C · ex magnatibus · ordinaria ...

Le décor du plafond : un carrefour de cultures

À défaut de savoir les noms des auteurs on peut tenter de cerner les chemins qu'ils auraient pu emprunter avant de réaliser le plafond du cloître.

Tout d'abord, les différentes qualités dans l'exécution des peintures traduisent l'intervention de plusieurs mains. La diversité est-elle due à la présence de plusieurs ateliers en même temps, ou est-elle le fruit de campagnes différentes ? On ne peut pas se prononcer pour l'une ou l'autre des hypothèses malgré des changements d'organisation du décor visibles : on constate que les encadrements en polygone étoilé se trouvent uniquement sur le plafond de la galerie nord et là, chacun de ces motifs remplit la totalité de la planchette, alors que les encadrements ronds et rectangulaires, présents dans les trois autres galeries, sont toujours délimités par une plate-bande portant un décor cordé. La distribution des cadres étoilés dans une seule galerie pourrait signer le travail d'un atelier spécifique, mais étant donné les déplacements ultérieurs et regroupements systématiques des motifs, déjà évoqués, est-ce significatif ? À côté de certaines inhabiletés deux manières sont sensibles. L'une plus traditionnelle, presque banale, dirons-nous, et peu imaginative, qui cherche à se

Détail du plafond du cloître du monastère de Santo Domingo de Silos (Espagne).

chaque côté des solives. Et aussi comme à la Notairie de Béziers, nous avons une superposition de deux rangs d'entrevous. Il existe donc des similitudes techniques entre l'assemblage du plafond de Fréjus et quelques couvertures construites plus au sud. En revanche aucune charpente ne semble pouvoir être comparée à celle du cloître, ni plus au nord, ni en Italie. C'est dans la péninsule Ibérique, où chrétiens et musulmans se combattent et se côtoient, que l'on trouve des charpentes encorbellées. La technique employée à Fréjus semble issue des plafonds mudéjars (*artesonados*). Les plafonds construits selon cette technique sont encore très nombreux. Ceux qui, dans la partie reconquise par les rois chrétiens, se rapportent au XIVe siècle sont (ou ont été) très fréquemment décorés de peintures. Nous avons déjà cité le cloître de Santo Domingo de Silos, qui pourrait donner une idée de la magnificence qui fut celle de Fréjus. Mais en Vieille-Castille, non loin du chemin de Saint-Jacques-de-Compostelle, les tribunes des chanteurs d'un certain nombre d'églises semblent avoir une parenté avec la charpente de Fréjus. À Cevico Navero (province de Palencia), le plancher de la tribune est porté par une triple rangée de corbeaux, appuyés sur la poutre maîtresse. La technique est la même en ce qui concerne la structure des galeries de Fréjus, si l'on considère qu'ici la sablière joue la fonction de poutre maîtresse. Et le traitement des enrayures, à l'angle de chacune des quatre galeries est issu de la même technique.

Cependant, les cloîtres transpyrénéens contemporains de Fréjus, que ce soit celui du monastère de Pedralbes (Barcelone) ou celui de Santo Domingo de Silos, présentent des solutions beaucoup moins savantes pour résoudre la jonction des galeries.

Le décor peint, ou la fascination orientale

Le plafond peint est une formule décorative très utilisée au Moyen Âge dans les demeures civiles, et parfois sur les nefs des églises (Metz par exemple). Elle s'étend en France à quelques cloîtres. Furent-ils nombreux ? Sans doute pas, mais il est difficile de l'évaluer car ils ont été rarement conservés. Parmi les rescapés, cette charpente, soit reprend la forme d'une voûte comme à Angers, soit est d'une extrême simplicité comme à Moissac (XIIIe siècle) ou, plus près, à Aix-en-Provence (XIIe siècle). Et surtout, il n'y a pas de trace de polychromie. Celle-ci a-t-elle disparu, a-t-elle jamais existé ? En revanche, des plafonds peints gothiques existent dans des demeures privées destinées aux prélats, aux princes et aux seigneurs. En Avignon, le palais des Papes et

Page de gauche
Vue de la galerie inférieure du cloître de Santo Domingo, Silos (Espagne).

Plancher de la tribune, Cevico Navero (province de Palencia, Espagne).

Plafond peint à caissons d'une maison située 7, place du Marché-aux-Fleurs, Montpellier.

les livrées cardinalices en ont conservé un nombre important. Ils ne sont pas toujours en bon état, loin s'en faut, mais l'abondance témoigne de leur très grande diffusion. Aux XIVe et XVe siècles, les plafonds peints étaient le type de décor le plus répandu en Occitanie. Le même phénomène se répète dans la péninsule Ibérique dans un style mudéjar qui présente de riches polychromies. À l'autre extrémité du monde chrétien, on trouve aussi des plafonds peints en Sicile. Mais là encore, le pays a été fortement empreint d'esprit décoratif islamique.

Questionner le décor peint du cloître est riche de renseignements. La première constatation à faire est son organisation générale, où les fonds rouges et bleus alternent de manière parfaitement systématique, directement inspirée des fonds de l'enluminure et du vitrail.

Peut-être originaire de l'Île-de-France où les ateliers d'enlumineurs sont très actifs, l'usage de ce fond se répand partout. Le motif devient poncif et est employé pour couvrir les fonds des plafonds. Il est parfois utilisé seul, d'autres fois il sert à faire alterner les scènes figuratives peintes sur le plafond ou dans les entrevous (le collège de la Croix en Avignon offre une vision des deux versions). En même temps il paraît certain que les peintres ayant décoré les plafonds, que ce soit à Montpellier, à Pont-Saint-Esprit, à Fréjus ou ailleurs en Languedoc, ne sont pas les mêmes maîtres auxquels on confiait des œuvres que nous considérerions comme « majeures » (cartons de vitraux, de tapisseries ou peinture de retables). Lorsqu'il s'agit de décorer les charpentes on fait appel vraisemblablement à des ateliers itinérants, comme le sont la plupart de ceux qui travaillent en Provence à cette époque.

Plafond du collège de la Croix, Avignon. On notera l'alternance de couleurs disposées en damier.

C'est le cas même en Avignon, où pourtant le volume des commandes artistiques est, dans les années 1340, l'un des plus importants d'Europe.

Au moment où l'on met en chantier le plafond de Fréjus, vers les années 1350, le chantier du palais des Papes se termine. Clément VI, bâtisseur de l'immense « palais Neuf », meurt en 1352 et l'activité constructrice des cardinaux semble se ralentir sérieusement. Il n'est pas difficile d'imaginer que des équipes d'artistes décorateurs deviennent dès lors disponibles et continuent donc à travailler dans le milieu cardinalice et, par conséquence, dans le milieu canonial où nombre de prélats ont des liens étroits, voire familiaux, avec la cour d'Avignon.

Plafonds et objets mobiliers : similitude des décors

À l'itinéraire des hommes se juxtapose la mobilité des objets décorés : poteries, bijoux et tissus font voyager les thèmes décoratifs. Le XIVe siècle, malgré les pestes et les guerres, a vu une accélération très significative des échanges. La diffusion de la faïence domestique, à l'époque qui nous occupe, est très significative. Les inventaires établis dans les demeures princières mais aussi bourgeoises confirment qu'en peu de temps, la préférence pour les objets en céramique augmente en grande proportion. Dans les pays relevant de la couronne d'Aragon la substitution de la vaisselle en bois par de la vaisselle en terre semble s'être produite, spécialement, durant la décennie 1330-1340.

Les échos d'un récit fabuleux ?

Le XIVe siècle voit un grand essor de la diffusion de textes en langue vernaculaire. Ils deviennent de ce fait plus accessibles et se répandent plus largement. Le *Roman d'Alexandre,* qui diffuse en Occident les merveilles supposées d'Asie, circule en France dès le Xe siècle (*Histoire des preux*). Au début du XIVe siècle il en existe déjà des versions en langue d'oc. L'authenticité des fait rapportés ne pouvait alors faire de doute : l'ancienneté même du texte était garante de vérité et, de ce fait, cautionnée par les hommes d'Église, écrivains et savants contemporains.

Un certain nombre d'images des entrevous du cloître pourraient se rapporter à l'illustration des exploits orientaux d'Alexandre. Car le grand retentissement de ce texte a abouti à la création de quelques archétypes. Par exemple, une image d'éléphant porteur de tour devient le signe d'une bataille se déroulant en Orient, à l'instar de la victoire d'Alexandre sur Poros, roi de l'Inde, dont les armées sont équipées de troupeaux de pachydermes.

Dans les entrevous il y a, par deux fois, l'éléphant porteur de tour, et les scènes guerrières sont nombreuses. Certains personnages, tels ce chevalier enturbanné maniant une grande épée ou le guerrier portant un écu rond, affichent des modes orientales. La traversée des contrées de l'Inde met l'armée d'Alexandre en présence de nombreux prodiges telles ces femmes-poissons. À Fréjus il subsiste deux figurations de femme sortant d'un poisson. Il ne s'agit pas de sirènes (il y en a sur d'autres entrevous), car le poisson est complet, avec sa bouche et son œil. Le peintre, confronté à la difficulté de réaliser une femme capable de vivre et de se mouvoir dans l'eau, comme un poisson, a pu avoir recours à une association des deux figurations. Mais il prend bien soin d'identifier la double nature de ces étranges personnages amphibies.

L'une de ces deux représentations est particulièrement intéressante : l'œil du poisson figure en même temps le sexe de la femme. Est-ce une clé d'interprétation ? L'histoire d'Alexandre nous apprend par la suite que les soldats, pleins de désir, s'unissent à ces femmes d'une indescriptible beauté et peu farouches. Mal leur en prend, car quand ils sont si las qu'ils ne peuvent plus rien faire, elles se redressent et les entraînent dans l'eau, les serrant contre elles jusqu'à les étouffer.

À plusieurs reprises Alexandre rencontre des géants. Une représentation possible du géant, au Moyen Âge, est de le montrer dans un rapport au cadre différent de celui d'un être de taille normale. Ici nous avons ces vieillard pliés, pour tenir dans la planchette (alors que les personnages normaux s'inscrivent toujours dans le cadre). Les poils nombreux couvrant le corps sont conformes à la description qui en est faite dans l'histoire d'Alexandre.

Toutefois il serait aujourd'hui prématuré d'affirmer que les entrevous du cloître sont une illustration de la vie d'Alexandre. De plus, la disparition de la moitié des images, ainsi que les déplacements avérés d'un grand nombre d'ais d'entrevous, n'est pas propice à la redécouverte du sens du récit illustré.

D'autant qu'il y a, sûrement, plusieurs récits illustrés. Parmi les différentes possibilités, une image est assez troublante par le rapprochement que l'on peut en faire avec une enluminure (troisième quart du XIVe siècle) du *Roman de la Rose* : on y voit Jalousie réprimander Bel-Accueil. À Fréjus nous trouvons la même attitude, la même opposition (quoiqu'inversée) entre les vêtements des deux femmes, et le fond, avec son damier rouge et bleu, est aussi à rapprocher de l'alternance des fonds des plaquettes du cloître.

Carrelages provenant du château de Châteauneuf-du-Pape.

Et par les ports languedociens et provençaux, la production des ateliers hispaniques (Paterna, Manises ou Manresa) se répand en pays d'oc.

Sans que l'on puisse faire état de rapports directs, on constate une grande similitude entre des motifs de remplissage des ais d'entrevous de Fréjus et ceux des fonds des pièces de faïence contemporaines. Les sortes de palmettes stylisées, parfois bicolores, que l'on voit à Fréjus, se retrouvent, semblables (mais non identiques), sur des carreaux provenant de Châteauneuf-du-Pape (datés de la campagne de travaux, entre 1317 et 1333, de Jean XXII, l'ancien évêque de Fréjus). Les motifs à trois tiges qui parsèment les fonds des planchettes de Fréjus apparaissent sur les marlis de plats ou sur des parois de bassines, datables du milieu du XIVe siècle, provenant des ateliers de Paterna (province de Valence) conservés au musée des Arts décoratifs de Barcelone. Mais, soit qu'il y ait corrélation des arts, soit que des peintres polyvalents transcrivent le même schéma sur des supports différents, le motif se retrouve (à la fin du XIVe siècle) en Aragon où il remplit les écoinçons des faux caissons du plafond peint de la Ermita de San Roman, à La Puebla de Castro (province de Huesca).

Les systèmes décoratifs : une piste à suivre

On a vu que les encadrements des figures peintes étaient de trois sortes : cadre rectangulaire, médaillon rond et médaillon formé par un polygone étoilé. Ces cadres nous éclairent aussi sur les possibles chemins des peintres de Fréjus.

Le cadre rectangulaire est assez systématiquement cantonné de bandes portant une sorte de tresse : on trouve ce motif d'encadrement dans des enluminures depuis le milieu du XIIIe siècle. Au XIVe siècle on en fait un grand usage : pour n'en citer qu'un,

Médaillon formé par un polygone étoilé.

l'exemplaire du bestiaire de Gauthier de Metz et Richard de Fournival, enluminé au début du XIVe siècle.

Le médaillon rond à entrelacs est une formule décorative connue depuis l'Antiquité, très répandue dans le temps et dans l'espace et, de ce fait, peu indicative. Sans quitter le monde méridional, on en rencontre sur les mosaïques de Ganagobie, dans des bas-reliefs du Piémont au XIIe siècle (Sacra de San Michele), dans le décor d'une maison du XIVe siècle à Cahors, dans le décor mural de la Maison des chevaliers de Pont-Saint-Esprit. On le remarque aussi dans la France du Nord : il est l'un des motifs principaux de l'encadrement des scènes des piédroits du portail occidental de la basilique de Saint-Denis. Et au XIIIe siècle, il est utilisé pour rythmer les scènes des verrières. C'est dire si le motif est répandu depuis longtemps lorsque l'on se met à peindre le plafond du cloître.

Enduit peint du XIVe siècle dans une maison de ville située au 71, rue du Cheval-Blanc, Cahors.

Plafond de la sacristie de la cathédrale de Tarragone (Espagne).

Les motifs d'encadrement constitués de polygones étoilés sont plus indicatifs : ils sont à rapprocher du décor islamique. Dans l'art occidental c'est une figure proche, le quadrilobe à redents (sans doute aussi d'inspiration orientale), qui a retenu l'intérêt des artistes. On trouve des personnages enchâssés dans des quadrilobes à redents à Rouen, à Lyon ou au portail de la chapelle Clémentine du palais des Papes. Pourtant le polygone étoilé est aussi connu : dans la cathédrale de Dijon, sur un tissu du XIIIe siècle, d'origine orientale, les motifs de guerriers et d'animaux accolés s'inscrivent dans cette figure. La livrée Ceccano, en Avignon, en offre elle aussi des représentations peintes, schématiques ou abouties. Mais c'est vers l'art musulman qu'il faut encore une fois se tourner. Les polygones étoilés sont légion dans les plafonds, les portes ou tout travail en bois : le motif est ici le fruit du croisement d'éléments de charpente (poutres et couvre-joints), il est donc logique que la ligne droite domine et que le quadrilobe, avec ses développements courbes, soit absent. Le décor peint reprend ainsi une figure qui semble être née de la marqueterie. Ces motifs se retrouvent couramment sur les charpentes peintes telle celle de la cathédrale de Teruel (début du XIVe siècle) où ils encadrent une rosace peinte, à huit pétales. Mais à Fréjus, les rosaces à huit pétales sont inscrites dans des entrelacs à cercle.

De ce qui précède, aucune conclusion ne doit être hâtivement tirée : dans la zone dominée par l'art mudéjar on semble préférer les encadrements composés en polygones étoilés ; par là le décor de Fréjus nous rapproche des royaumes du nord de la péninsule Ibérique. Mais les deux autres motifs d'encadrement plaident plutôt pour un goût

Départ d'Urbain V et de ses cardinaux (Avignon, bibliothèque Ceccano, ms. 1348, fol. 96).

qui s'inscrit dans une large mouvance esthétique couvrant l'ensemble de l'Occident. En ce qui concerne les figurations de personnages, les peintres de Fréjus ont pris un plaisir visible à « croquer » leurs semblables. Entre les « portraits » des donateurs et donatrices, aux visages personnalisés, traités dans le goût gothique avec des traits allongés, et les visages caricaturaux des hybrides humains ou de certains personnages, il y a un monde fait d'expériences personnelles et de faconde.

On peut y voir une expression de ce que Huizingua a qualifié, avec justesse, d'« âpre saveur de la vie » pour synthétiser un siècle où guerres incessantes et épisodes de peste semblent aller de pair avec un appétit féroce de vivre. Les figures conventionnelles ne nous donnent guère de renseignements sur les chemins empruntés par les peintres de Fréjus, mais on peut procéder à des recoupements intéressants avec la manière plus caricaturale. Encore une fois il convient de se tourner vers les décors des marges des enluminures et vers les arts décoratifs, la faïence en particulier, pour retrouver un similitude d'esprit.

Dans les marges du bréviaire de Vidal de Blanes, illustré dans la région de Gérone, dans les années 1340, un hybride à capeline présente un profil « croqué » avec un nez arrondi dont on trouve des semblables à Fréjus. Cet esprit apparaît aussi très librement dans un dessin fait à la plume dans un manuscrit avignonnais du milieu du XIVe siècle, provenant de la bibliothèque papale et montrant Urbain V et ses cardinaux, comme il est aussi présent dans des bols en faïence de Paterna. En revanche, rien de semblable à cette manière caricaturale n'existe dans les vitraux.

Il n'est pas impossible que la faconde se mêle au sens proprement iconographique ou symbolique. Que penser de ce clerc à tête de bœuf ? Caricature ou allégorie ? Le bœuf est assimilé à une sorte de force fidèle. Ainsi, saint Isidore de Séville, dont les textes sont toujours très lus dans les milieux cléricaux, dit : « L'amitié du bœuf pour son compagnon est extraordinaire. [...] Si celui-ci meurt, il manifeste pieusement sa douleur par des mugissements incessants », et Raymond Lulle, auteur quasi contemporain, attribue au bœuf dans son *Livre des bêtes* une sorte de force de la nature, un peu crédule, mais d'une fidélité sans faille : le bœuf de Lulle est prêt à sacrifier sa vie pour la bonne marche de la société des animaux. Ce sens multiple de l'image est bien conforme à l'esprit du milieu du XIVe siècle. Les artistes en viendront à réaliser des sortes de calembours visuels, tels ces personnages du portail des Libraires de la cathédrale de Rouen que l'on peut voir de

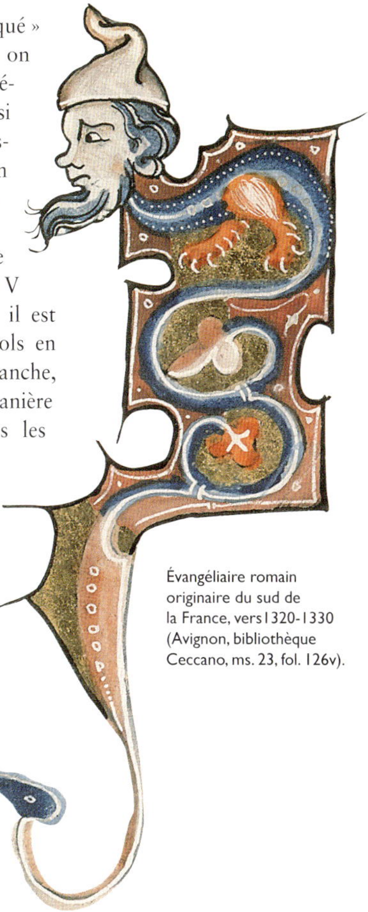

Évangéliaire romain originaire du sud de la France, vers 1320-1330 (Avignon, bibliothèque Ceccano, ms. 23, fol. 126v).

Ci-contre
Détail du décor du premier étage de la livrée Ceccano, Avignon.

Double page suivante
Un chien particulièrement stylisé.

Bestiaires et merveilles au XIVe siècle

Le Moyen Âge a aimé les encyclopédies. Le premier ouvrage du genre, les *Étymologies* d'Isidore de Séville datant du VIIe siècle, servira de référence pendant plus de six cents ans. Mais c'est au milieu du XIIIe siècle que la production de ces volumineux recueils connaît une vogue considérable. Les auteurs y décrivent les choses de la nature, voire « la nature des choses », à l'intention des lettrés non spécialistes. Par leur caractère relativement accessible ces ouvrages ont sans aucun doute fortement influencé l'expression artistique.

Émile Mâle a montré les liens étroits existant entre la statuaire des portails des grandes cathédrales gothiques et le savoir véhiculé par ces sommes. Les connaissances sont très orientées vers ce que nous appellerions « les sciences de la nature », la zoologie (les bestiaires), la géologie (les lapidaires), la géographie, l'astronomie, la botanique, etc., regroupées parfois sous le joli titre d'*Imago mundi.* Et pour représenter le monde dans toute son étendue, on intègrera aussi des descriptions de paysages et de peuples mal connus, habitants du bout de la terre, vers le lointain Orient. Or des textes anciens rapportent que ces mystérieuses contrées sont peuplées de races plus étranges les unes que les autres. Là-bas il y a des phénomènes merveilleux, inconnus du monde occidental.

Dès le XIIIe siècle, les « merveilles d'Orient » trouvent une place dans les recueils : érudition encyclopédique et pensée religieuse se trouvaient réunies. Les monstres sont à leur tour moralisés : par exemple les cynocéphales, hommes à tête de chien qui ne savent pas parler, mais aboient, représentent la discorde. Romanciers, poètes et autres baladins ont appris, sinon par la lecture directe au moins oralement par contact avec leurs commanditaires, des étranges histoires sur des animaux fabuleux ou réels, sur des créatures du bout du monde. Ils les ont colportées à leur tour. Au XIVe siècle les bestiaires ont suscité un intérêt marqué. Pour l'essentiel, bestiaires et merveilles semblent issus de deux traités remontant au début du christianisme, dont des copies circulent tout au long du Moyen Âge. L'un est un texte de Solin, qui au IIIe siècle reprenait les textes de Pline l'Ancien (son traité de géographie a été écrit avant 77) en amplifiant le caractère merveilleux. L'autre est celui connu sous le nom du *Physiologue*, texte grec anonyme du IIe siècle. La résonance du *Physiologue* s'explique par la superposition d'une symbolique chrétienne à la description d'une cinquantaine d'animaux.

Copiés les uns des autres, selon une pratique courante, les bestiaires témoignent d'une part de la nécessité de pouvoir se représenter les animaux « exotiques » cités dans les textes bibliques : lions, éléphants, chameaux. Mais dans les bestiaires le fantastique n'est jamais loin. On y verra, décrits avec la même conviction, « licornes », « calandres » et autres « serres » et « sirènes » coqs, loups, sangliers, bœufs, etc. Si les animaux traités varient quelque peu d'un bestiaire à un autre, en fait tous les animaux peuvent y figurer : chaque espèce est choisie pour la qualité symbolique de ses mœurs ou de ses caractéristiques réelles ou supposées. Mais la valeur emblématique de chaque animal peut varier d'un traité à l'autre. La multiplicité des attributions métaphoriques d'un même animal fait que le sens de chaque figuration doit être pris dans un contexte. Ainsi un chien sera, selon les cas, image de vigilance (le chien gardien), de colère (parce que sa maladie caractéristique est la rage), de guérison (il est réputé connaître des herbes purgatives qui le soignent), d'envie (parce qu'il grogne s'il voit un os dans la gueule d'un autre chien), de fidélité, etc.

Dans les descriptions des bestiaires, plus que la réalité au sens moderne du terme, l'esprit médiéval se plaît à trouver un sens moral. Et par un effet de miroir, les animaux concourent à l'accomplissement du dessin créateur. Car « l'ensemble de créatures que Dieu créa sur terre, il les créa pour l'homme, et afin qu'il prenne chez elles des exemples de croyance religieuse et de foi », nous apprend Pierre de Beauvais dans l'introduction à son *Bestiaire* (entre 1210 et 1218). Richard de Fournival, au milieu du XIIIe siècle, donne une inflexion importante au sens de ces traités : dans son *Bestiaire d'amour* il illustre les avatars de l'amour courtois au travers des

Aspic et basilic, Richard de Fournival, m., début du XIVe siècle (Dijon, bibliothèque municipale).

habitudes des animaux décrits au lieu de se référer à la doctrine chrétienne. La symbolique glisse : les animaux qui avaient jusqu'alors été employés pour incarner la morale chrétienne vont servir aussi à suggérer les comportements humains au travers d'un état amoureux.

Par son œuvre Richard de Fournival se fait le témoin du passage d'une interprétation romane, où l'idée dépendait de l'image, à un système allégorique propre à la pensée gothique, marquée par la soumission des images à l'idée organisatrice. *Physiologue* et ses descendants proposaient un catalogue moralisé ; avec Fournival les descriptions quittent le monde de ce que nous appellerions les notices d'un catalogue pour s'enchaîner selon un projet narratif : l'engourdissement consécutif à l'acte d'amour fait penser à la sirène qui endort la vigilance du marin ; c'est pourquoi la description de l'aspic réputé pouvoir se boucher les oreilles, ce qui l'empêche de succomber au chant des sirènes, suit celle de la sirène. Et ainsi de suite les descriptions s'inscrivent dans une trame continue.

Ce n'est sans doute pas par hasard si, dès la même époque, on verra des romans mettre en scène des animaux à la place des humains (le *Roman de Renart*, en français ou le *Livre des bêtes* en catalan) et connaissent des succès rapides et étendus. Au XIVe siècle, le bestiaire renseigne, mais surtout est un miroir de moralité.

deux manières différentes. À Fréjus, la centauresse affublée d'un sexe féminin sur le poitrail participe de la même veine de calembours visuels. Pour Jurgis Baltrusaitis ce type de facétie, assez fréquente dans le décor occidental au XIVe siècle (portails de cathédrale, pavements, enluminures), est d'origine orientale et aurait pu être transmise par l'intermédiaire d'objets émanant du milieu musulman (céramiques par exemple). Là encore, est-ce seulement un calembour, ou les images véhiculent-elles aussi un sens hermétique ?

Double sens des figures monstrueuses

À partir des années 1250, ces figurations d'êtres hybrides se répandent dans tout le monde occidental. Elles atteignent leur apogée dans la première moitié du XIVe siècle. Les enlumineurs, de l'Angleterre à la péninsule Ibérique, en passant par la France et les pays flamands et germaniques, en couvrent les marges des manuscrits. Les sculpteurs en parsèment les cathédrales. Grylles (monstres à plusieurs têtes humaines, disposées sur un corps d'animal), hybrides de gastéropodes, de volatiles ou de quadrupèdes (corps de chien, de félin, de porc avec deux pattes seulement), dragons, etc. : les figurations sont récurrentes, sans que l'on sache trop comment elles sont véhiculées ni pourquoi elles provoquent un tel engouement, ni même si ces images avaient un sens. Des traditions culturelles persistantes nous permettent encore

Ci-dessus
Détails du portail des Libraires de la cathédrale de Rouen.

Grylles gothiques, résurgence des grylles antiques.

aujourd'hui d'identifier certaines significations de ces figures monstrueuses : l'enfer, grande gueule qui avale les damnés (il y en a de nombreuses représentations dans les portails des cathédrales gothiques à Amiens, Bourges, etc.) ; les diables et les anges nous sont aussi lisibles, les uns cornus, les autres ailés. Mais que peut signifier cette sorte de corps d'oiseau à longue queue de plumes souples, dont la tête, portée par un cou de grue, est remplacée par un cornet ? Ou encore cet étrange animal à tête d'herbivore édenté, portée par un corps ailé, apode terminé par un enroulement de limace ?

Il est vraisemblable que les objets (livres certes, mais aussi tissus et bijoux), aisément transportables, ont joué un rôle non négligeable dans la transmission de ces figurations.

Cependant, ce qui semble caractériser le plafond de Fréjus est la forte proportion d'hybrides. Faut-il y voir l'influence du monde islamique, plus forte ici que dans les autres plafonds peints connus du sud de la France ? L'hybride, en tout cas, est bien enraciné dans le fantastique du monde islamique médiéval.

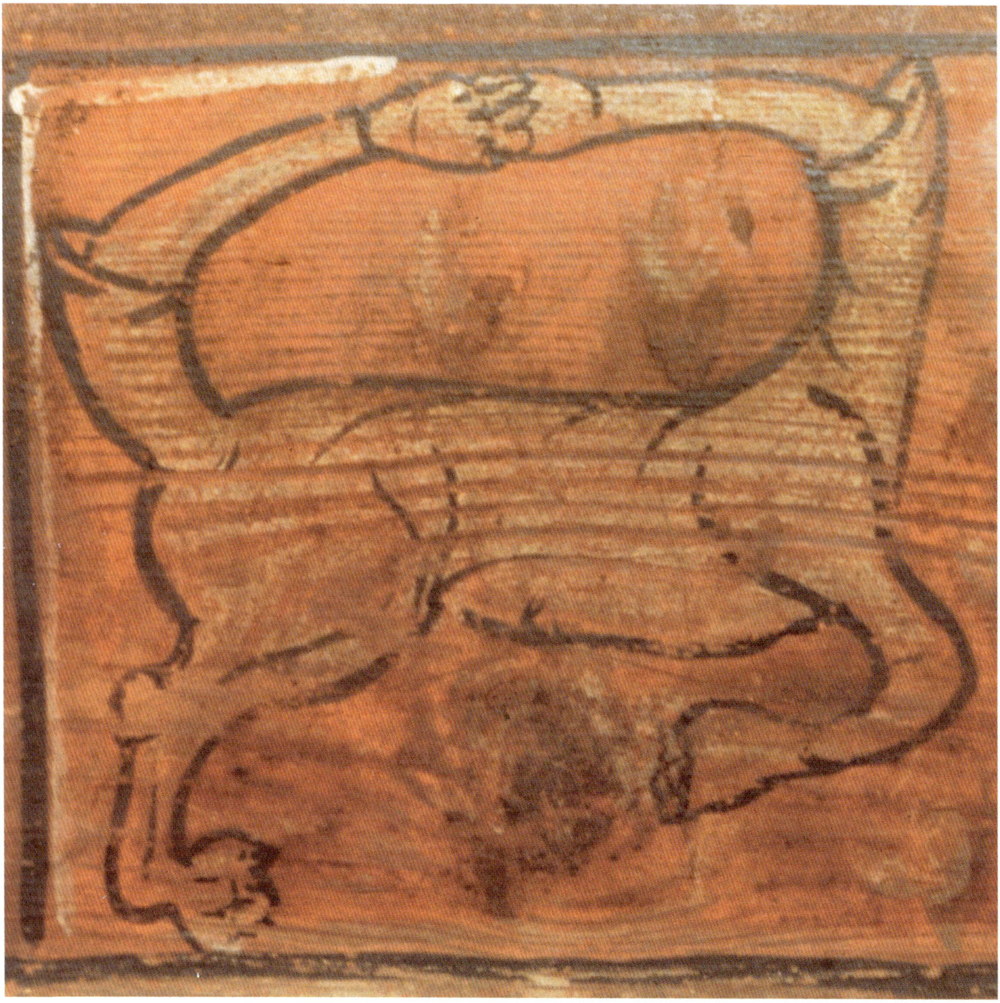

Un mythe oriental ?

Au fil des chapitres précédents nous n'avons pas escamoté le côté imparfait des connaissances sur le plafond du cloître. On éprouve une frustration certaine de ne pas savoir déchiffrer les histoires qu'il raconte, car, plutôt qu'à une collection de tableautins, nous avons ici affaire à une sorte de bande dessinée, sans bulles et sans texte et, qui plus est, largement incomplète et bouleversée...

L'interprétation du sens de ce décor est d'autant plus difficile que nous manquons de points de comparaison. Parmi les cloîtres existants, seule une partie de celui de Santo Domingo de Silos, en Espagne (daté de la fin du XIVe siècle), semble pouvoir être rapprochée par sa verve et sa faconde. Mais non pas par la manière des peintures.

Et les plafonds des demeures privées ou des bâtiments épiscopaux sont souvent trop lacunaires, et surtout ils sont loin d'être suffisamment étudiés du point de vue iconologique.

Malgré tout, les représentations des ais d'entrevous de Fréjus nous permettent d'entrer dans une tranche de vie du XIVe siècle. Elles nous parlent avec force des échanges qui véhiculent et imbriquent, ici, les courants de pensée du gothique international et des apports venus d'Orient. En cela les peintres de Fréjus ont fait œuvre d'actualité. Car au début du XIVe siècle l'Occident se passionne pour l'Asie. Elle est d'autant plus envoûtante que les récits de voyages se multiplient dès le milieu du XIIIe siècle. Et ils décrivent tous le faste des cours orientales, les fabuleux exploits d'un Gengis Khân, ou l'existence de races extraordinaires. Entre description et transposition, il y a toujours une place pour le merveilleux.

Peut-être arrivera-t-on un jour à retrouver les récits illustrés sur le plafond. Mais déjà lorsque l'on cherche à retracer les chemins (hypothétiques) des peintres du cloître, immanquablement se profilent des pistes qui mènent vers le sud et vers une mythique perception de l'Orient.

Le style des peintures, les couleurs, ou encore certains motifs décoratifs, traduisent une culture riche d'apports islamiques. Quant à la technique de la charpente, elle est clairement inspirée du style mudéjar, sinon réalisée par des artistes transpyrénéens.

Et, presque de manière paradoxale, la proximité physique de l'Italie, où les grandes villes (Sienne, Florence, etc.) sont en ébullition artistique et culturelle, semble à peu près ignorée par les peintres du plafond.

Car, on a déjà eu l'occasion de l'évoquer, la péninsule Ibérique met en contact, depuis plus de six siècles déjà, l'islam et la chrétienté. Au fur et à mesure que les royaumes chrétiens du Nord, souvent alliés avec les français, reconquièrent le territoire, artisans et artistes musulmans sont intégrés à l'évolution de la pensée occidentale. Dès lors, faire appel à des formes ou à des artistes mudéjars, capables donc d'associer pensée chrétienne et sens plastique oriental, n'est-ce pas un moyen de s'annexer un mode d'expression mythique sans pour autant faire le long et périlleux voyage d'Orient ?